MADRE... DÁDIVA DE DIOS

OTROS LIBROS DE LA AUTORA

*EVANGELIO POÉTICO
 (111 sonetos en torno a la vida de Cristo)
 Editorial CLIE

*ALGUIEN VA A NACER
 (90 poemas dedicados a una vida por llegar)
 Editorial CLIE

*LA LLAMADA (Novela)
 (La historia de un escritor, un perro, un amor y Dios)
 Editorial CLIE

GLORIA SANTAMARÍA

MADRE...
DÁDIVA DE DIOS

Libros CLIE
Galvani, 113
TERRASSA (Barcelona)

MADRE... DÁDIVA DE DIOS

© 1985 por la autora: Gloria Santamaría

Depósito Legal: B. 15.944-1985
ISBN 84-7228-984-2

Impreso en los Talleres Gráficos de la M.C.E. Horeb,
A.C. n.º 265 S.G. - Polígono Industrial Can Trias,
calles 5 y 8 - VILADECAVALLS (Barcelona)

Printed in Spain

DECLARACIÓN UNIVERSAL DE LOS DERECHOS DEL NIÑO

Éstos son los diez puntos en la Declaración Universal de los Derechos del Niño adoptados por unanimidad en la Asamblea General de las Naciones Unidas en 1959

1. Estos derechos serán reconocidos a todos los niños sin excepción alguna por motivos de raza, color, sexo, idioma, religión, opiniones políticas o de otra índole.
2. El niño gozará de una protección especial para que pueda desarrollarse física, mental, moral, espiritual y socialmente.
3. El niño tiene derecho desde su nacimiento a un nombre y una nacionalidad.
4. El niño tendrá derecho a crecer y desarrollarse en buena salud y a disfrutar de alimentación, vivienda, recreo y servicio médico.
5. El niño impedido debe recibir el tratamiento, la educación y el cuidado especiales que requiere su caso particular.

6. El niño, para el desarrollo de su personalidad, necesita amor y comprensión. Deberá crecer al amparo y bajo la responsabilidad de sus padres.

7. El niño tiene derecho a recibir educación, que será gratuita y obligatoria.

8. El niño deberá figurar entre los primeros que reciban protección y socorro en todas las circunstancias.

9. El niño deberá ser protegido contra toda forma de abandono, crueldad y explotación.

10. El niño será protegido contra la discriminación racial, religiosa o de cualquier otra índole.

ALGUNOS DE LOS MUCHOS DERECHOS DE LA MADRE

LA MADRE TIENE DERECHO A:

1. Una educación completa (física, mental, intelectual, espiritual, moral y social) que la prepare para su excelsa misión y la capacite para criar y educar a sus hijos.
2. Que hombres y pueblos la respeten, protejan y ensalcen por ser la continuadora de la especie.
3. La alimentación adecuada, el vestido conveniente y el hogar confortable y seguro donde pueda cumplir su misión maternal.
4. El respeto total de su vida y la de sus hijos.
5. La total libertad cívica y religiosa.
6. La selección de los médicos y educadores encargados del pleno desarrollo de sus hijos en todos sus órdenes: físico, mental, intelectual, espiritual, moral y social.
7. Leyes especiales que protejan las diversas fases de su estado y condición: embarazo, parto, lactancia, etc...

8. Recibir el afecto y la protección material, espiritual y moral de su esposo.
9. La consideración, el respeto y el amor de sus hijos y recibir de ellos (especialmente en la enfermedad y la ancianidad) un sitio en el hogar y la protección material, espiritual y moral a que son acreedoras.
10. Una pensión vitalicia (al llegar a la enfermedad o la vejez) por haber ejercido con total sacrificio y dedicación, su noble misión maternal.

Dr. JAIME SANTAMARÍA, M.D.
Médico, educador y coordinador de información de la Academia Norteamericana de la Lengua Española, correspondiente de la Real Academia.

ALGUNOS DE LOS PRIVILEGIADOS DEBERES DE LA MADRE

LA MADRE
TIENE EL PRIVILEGIADO DEBER DE:

1. Asegurarse de su perfecto estado de salud (física, mental, intelectual, espiritual, moral y social) así como la de su esposo, antes de concebir un hijo, que no ha pedido nacer y que tiene derecho a hacerlo en las mejores condiciones.
2. Adquirir el consejo y los conocimientos necesarios para mantener su propia salud y lograr el perfecto y armónico desarrollo de su hijo.
3. Abstenerse de todo alimento, medicamento, droga, ejercicio o procedimiento que pudiera poner en peligro su salud o la de su hijo.
4. Proveer a su hijo de la alimentación maternal durante los primeros meses de su vida, siempre que ello sea posible.
5. Consultar con médicos, educadores, psicólogos y consejeros, cualquier alteración en su

vida, la de su familia o la de su hijo que pudiera dificultar el normal desarrollo del mismo.

6. Proporcionar a su hijo todo el amor y la protección maternal para lograr el pleno desarrollo del mismo.

7. Rodear a su hijo de un ambiente familiar hogareño, lleno de la paz y seguridad que el niño requiere.

8. Procurar para su hijo el más alto grado de educación integral, absteniéndose de utilizarlo en trabajos u ocupaciones que le impidan su pleno desenvolvimiento.

9. Buscar el consejo adecuado para demandar todos los derechos de su hijo.

10. Proveer a su hijo de un nombre y garantizarle una ciudadanía, haciendo para ello todas las gestiones necesarias.

Dr. JAIME SANTAMARÍA, M.D.
Médico, educador y coordinador de información de la Academia Norteamericana de la Lengua Española, correspondiente de la Real Academia.

EL CANTO DE MARÍA: *El Magnificat*

«Engrandece mi alma al Señor;
y mi espíritu se regocija
en Dios mi Salvador.

Porque ha mirado la bajeza
de su sierva;
pues he aquí, desde ahora me dirán
bienaventurada todas las generaciones.

Porque me ha hecho grandes cosas
el Poderoso;
Santo es su nombre,
y su misericordia es de generación
en generación a los que le temen.

Hizo proezas con su brazo;
esparció a los soberbios
en el pensamiento de sus corazones.

Quitó de los tronos a los poderosos,
y exaltó a los humildes.

A los hambrientos colmó de bienes,
y a los ricos envió vacíos.

Socorrió a Israel su siervo,
acordándose de la misericordia
de la cual habló a nuestros padres,
para con Abraham y su descendencia
para siempre.»

SAN LUCAS 1:46-55

RUEGO A LOS LECTORES

Los editores del libro *MADRE... Dádiva de DIOS* contemplan la posibilidad de incluir en futuras ediciones de este libro, el extracto de las opiniones más destacadas que haya despertado en sus lectores.

Por favor, envíe unas líneas con su juicio acerca de este libro, incluyendo su nombre y dirección postal.

Dirija su correspondencia a:

Dr. David Vila
T.S.E.L.F., Inc.
P.O. Box 11918
Fort Lauderdale, Florida 33339
Estados Unidos

PRÓLOGO

La eminente poetisa Gloria Santamaría que ahora nos ofrece el bello poemario *Madre... dádiva de Dios* ha realizado labores sobresalientes junto a su esposo, el doctor Jaime Santamaría, médico, investigador científico y académico de la lengua española. Su nombre, lleno de prestigio intelectual y con reconocimiento inmediato en los círculos culturales de habla castellana en los Estados Unidos, quedó unido a su extraordinario *Evangelio poético*, aporte notable a la literatura religiosa de nuestro tiempo.

Nacida en Cuba y recipiente de una esmerada educación, Gloria Santamaría ha logrado disfrutar de respeto infinito como persona y como madre. Sus hijos Jaime y Guillermo son testimonio viviente de lo que un matrimonio ejemplar puede producir y sus credenciales como madre se unen a las condiciones poco usuales de esta poetisa cristiana de primera magnitud para permitirnos disfrutar con este libro de una experiencia educacional enmarcada dentro de la más fina poesía.

Antes de que esta obra llegara a la imprenta habíamos podido leer con deleite, además de su *Evangelio poético*, su libro *Alguien va a nacer*

(90 poemas inspirados por un ser aún no nacido) y su novela *La llamada*, que es la historia de un escritor, un perro, un amor y DIOS. Pero su obra es aún más extensa. La autora es una compositora de altos vuelos, como lo demuestran su *Cantata de Navidad* y su *Cantata de Semana Santa: Las siete palabras de Cristo en la cruz*, obras poético-musicales que han enriquecido la himnología religiosa con su letra y música. Numerosas iglesias han representado estas cantatas, logrando la primera de las dos, en su estreno en la ciudad de Miami, atraer a una concurrencia multitudinaria y selecta, alcanzando las más altas manifestaciones de aprecio por parte de la crítica especializada.

Si su *Evangelio poético* ha conquistado al mundo de habla española y sus sonetos en torno a la vida de Cristo, Hijo de Dios y Salvador del mundo, han sido utilizados en centenares de púlpitos cristianos a todo lo largo y ancho de la geografía hispánica incorporándose a piezas oratorias de los más consagrados predicadores del evangelio, *Madre... dádiva de Dios* está llamado a resultados similares y tal vez aún más impresionantes.

La intención del libro es llegar a un público lector cuyo refinamiento se combine con la mayor sensibilidad posible ya que exalta con hermosura evidente la misión maternal y se encuentran referencias al Creador en casi cada palabra del mismo. El mensaje es, pues, inspiracional además de poético, espiritual aparte de sus valores literarios que contiene y con plena conciencia de un sano humanismo reflejado en la «Declaración Universal de los Derechos del Niño» que la autora incluye para proveer el marco de referencia adecuado. Hacia

14

esa misma dirección se encamina lo que el doctor Jaime Santamaría, esposo de la poetisa y coordinador de Información de la Academia Norteamericana de la Lengua Española, denomina: «Algunos de los muchos derechos de la madre» y que incluyen educación completa, respeto y protección, alimentación adecuada, libertad absoluta, selección de médicos y educadores sin impedimentos o cortapisas, afecto total del esposo y los hijos, pensión vitalicia por enfermedad o vejez, etc. Cuando el prominente médico español menciona algunos de los «privilegiados deberes de la madre» no hay detalle significativo que se olvide, subestime o pase por alto.

Tenía la poetisa cristiana que iniciar su obra reproduciendo el Canto de María: *El Magnificat*, que une en emoción sincera a la grey de los seguidores de Jesús, el hijo de María, y citando textos bíblicos que demuestran el gran respeto por su gran fuente de inspiración literaria, es decir, el volumen al que el gran Donoso Cortés llamara «el libro de los libros». ¿Y qué mejor forma de iniciar sus versos que dar gracias a la madre? Ciertamente «Gracias, Madre», el poema de la gratitud, hará correr lágrimas por los más insensibilizados a las manifestaciones emocionales.

Difícil para el prologuista es el plasmar en unas pocas cuartillas el impacto que los «Poemas del amor MADRE», «Poemas del amor Hijo», su «Carta a un niño del futuro», *Soneto a mi madre* y *Carta al Cielo* (otro soneto) hicieron en su particular forma de valorizar. Ciertamente la maternidad, tema en que se han inspirado las más cimeras plumas poéticas de todos los tiempos, ha sido exaltada de manera tan rigurosa e inclusiva, con estilo tan elegante y fino, con ternura tan carente de pedanterías inútiles, que el crítico, por implacable que sea, tiene que reconocer la presencia de una verdadera poetisa. Exhibiendo los recursos que Gloria Santamaría maneja a la perfección se complacería a los más exigentes, pero con descubrir sin el auxilio de la preceptiva la belleza del verso, que radica sobre todo en su sencillez, sería suficiente.

Tal vez sea apropiado recordar esa diferencia entre lenguaje cotidiano y lenguaje poético que el gran Juan Ramón Jiménez supo precisar brillantemente pero con excesivo rigor. Para él, la poesía escrita es «expresión de lo inefable, de lo que no se puede decir» y literatura es expresión de «lo fable, de lo que es puede expresar». Nuestra poetisa pasa la prueba al lograr comunicar poéticamente algo que, como la maternidad, sobrepasa consideraciones comunes.

El concepto de la maternidad en Gloria Santamaría parece ser en ocasiones espiritual hasta los extremos, pero ella no pierde el sentido de lo real en ningún momento. Su «Carta a un niño del futuro» en «el planeta Tierra», «sin fecha determinada», cae dentro de un enfoque real de un futuro incierto. Ciertamente no tiene la «imaginación loca» que se atribuye en un momento dado. Prevalece en su mente un conocimiento esencial del mundo de la tecnología, cuyo ambiente siempre se proyecta al futuro. El infante de los años por venir no heredará un mundo como el medieval y su época será distinta de la de aquellos que nacieron con este siglo, pero la poetisa no se pierde en pesimismos innecesarios ya que su realismo, a veces desnudo y sombrío, se combina con la esperanza más hermosa de la eternidad del amor. Al hacerlo, Gloria Santamaría se sitúa de nuevo en el mensaje del sagrado libro que anuncia la permanencia del mismo y ella da entonces la bienvenida al niño del futuro «con mirada de más allá para ver tu postrer tiempo, cuando seas sólo alma». Y nosotros nos sentimos honrados *et nunc et semper* de dar la bienvenida a su poemario.

MARCOS ANTONIO RAMOS, Pbro.
Doctor en Letras
Ex profesor del Miami Christian College, de la facultad del programa étnico del Seminario Teológico Bautista de Nueva Orleans y columnista de diarios hispanoamericanos. Académico de la Historia Eclesiástica en Estados Unidos y miembro del Instituto Internacional de Literatura Iberoamericana, así como de infinidad de academias y corporaciones similares, nacionales y extranjeras.

Y llamó Adán el nombre de su mujer,
Eva, por cuanto ella era madre
de todos los vivientes.

(Génesis 3:20)

Honra a tu padre y a tu madre
para que tus días se alarguen en la tierra
que Jehová tu DIOS te da.

(Éxodo 20:12)

GRACIAS, MADRE

Gracias por tus noches eternas vigilando mis ojos,
por tu batir de alas en mis juegos de infancia,
por tu palabra suave y tus sabias advertencias.

Gracias por tus horas, por tus primaveras
que a mí dedicaste desde que me hice vida en tu
palpitar de MADRE.

Gracias por tu alegría que a todos regalaste.

Gracias por tu piedad que repartías a granel,
por tu devoción hacia el triste y el enfermo.

Gracias por tu palabra de aliento y fortaleza
en los momentos crudos que la vida reparte,
porque limaste las aristas que encontraba a mi
        paso.

Gracias porque me enseñaste a ver a DIOS en
        espíritu
y en verdad y a amarlo por sobre todas las cosas.

Gracias por tu amor que como filtro sagrado
        penetraba
todas las fibras de mi ser,
por ese amor tuyo más allá de toda prueba,
por tu amor de MADRE.

Por todo eso y mucho más, gracias, MADRE.

A la memoria de mi madre,
«en la eternidad de DIOS»,
y con devoción a todas las madres.

MADRE ES:

Llenar de letras
la mente del hijo.

Estrenar vocabulario
en sus labios.

Ser maestra de la Regla de Oro.

Ofrenda perpetua
de todas las horas.

Llorar en su lágrima
la lágrima del hijo.

Sufrir sus dolores,
vivir sus alegrías
y ser esperanza,
luz en las sombras y tanto...
y tanto más...

En el cielo están las esencias
de los redimidos en la cruz
del Calvario

SONETO A MI MADRE

Volando entre los astros noche y día
iba un ángel en busca de una estrella;
quería la más blanca, la más bella,
ya que anunciar el alba ella debía.

Cansado de viajar el infinito
el ángel defraudado vuelve al cielo:
Señor, dijo al buen DIOS, no hallé en mi vuelo
ninguna que cumpliera el requisito.

Vete al mundo, el santo DIOS le dijo,
busca un alma preciosa, la más pura;
aquella que del cielo tenga anhelo.

Bajó el ángel y vio con regocijo
tu alma fiel, MADRE mía, sin mixtura,
y al gran DIOS una estrella llevó al cielo.

NOMBRE EXCELSO

MADRE: santa señora.
Nombre excelso en el lenguaje
del mundo;
primero en la genealogía humana.

Nombre hecho de dolores,
y de esperas,
y de noches austeras
junto a una cuna.

Nombre que se hace alma…
sólo alma
cuando el germen creador
ya es flor…
y ángel en los brazos-MADRE.

DIOS engendró amor
en la MADRE

EL MÉRITO ES TUYO

A Bárbara

MADRE: tú rescatas dolores,
los cubres con tu piel,
los sellas con tu alma.

Ego se muere ante tu nombre santo.

Renunciación eres.

Tú para nada cuentas
cuando tu propia carne
se hace alba en tus brazos.

Ya eres toda hijo,
ya eres toda espíritu;
te haces sólo sombra
tras esa flor que asoma...

Y todo el mérito es tuyo, MADRE.

AMOR ÚNICO

Yo la veo abejita de oro,
manos dadivosas;
todo corazón,
toda alma;
el hijo en la piel,
en los ojos;
célula suya arraigada
en su sangre,
arraigada en su espíritu,
arraigada en sus poros,
en su pensamiento,
en lo recóndito del subconsciente.

Yo la veo toda suspiros
por el hijo;
con el cansancio en las pestañas
y las manos ágiles.

Sueño y vigilia la veo,
con los ojos del amor único:
el amor-MADRE...
el Amor de DIOS.

ALMA SIEMPRE EN PIE

A Ruth

MADRE: yo te veo ala,
ligera como el aire;
regalando amores
a tus corazones,
regalando vida;
donándote en espíritu,
en pensamiento íntegro,
en el desinterés
que nace con tu nombre.

Vertical mujer,
alma siempre en pie,
negación de sí misma,
afirmación en el hijo,
energía en la protección.

Dadivosa dama
que en alma se tributa,
que te bendiga DIOS.

VIENTRE QUE CARGA ALMAS

MADRE: te midió la vida
y te aprobó su ley,
te regaló el diploma óptimo
de más altos quilates:
Generadora de la humanidad.

¡Ay, tú, mujer gestada,
prodigada en hijos.
Vientre que carga almas,
pletórico de vidas,
desbordado de existencias!

¡Ay, mujer con su canto de alegrías,
y esperanzas.
Mujer que consuela ayes
con sus manos santas!
¡Valerosa señora
que Dios te bendiga!

PUPILA SIEMPRE ATENTA

A Judith

MADRE: vocablo perfecto.
Vigilia sin treguas.
Pupila siempre atenta.

Ella presiente el mal
que a su hijo se avecina.
Ve la mano artera
que oculta la piedra
y la sierpe venenosa
que se arrastra a sus pies.

Siempre está su brazo ahuecado como cuna
para ese ser que es alma de su propia alma
y piel de su misma piel.

No importa los andares
que haya su hijo recorrido
para ella será siempre rama fresca...
corazón de su propio corazón.

Desde que la mujer nace
le duele un hijo

BESO A BESO

MADRE: Tú cargas al mundo en tu ser.
Gota a gota lo das a la tierra.
La raza humana
se surte de tu sangre.
Las primeras letras
clavas en tu hijo.
Beso a beso
le enseñas la vida.
Su paso estrenado
afianza tu mirada.

Por tanta devoción
y singular altruismo,
por tanta alma regalándose
que DIOS te bendiga,
MADRE.

LEONA ALTIVA

MADRE: alma, toda alma te veo,
todo sentimiento expandido;
paloma de ala larga
para arropar al hijo,
leona altiva
defendiendo al cachorro,
ojo vigilante en todos los tiempos,
corazón alerta
madrugando esperas,
y una voz de canto que se hace puñal
si le agreden al hijo

MADRE: ¡cuántos sueños rosa
amparan tus brazos!,
¡cuántos nombres nuevos
ensayan tus labios!,
¡cuántos corazones en tu corazón!,
¡cuánto de DIOS en tu integridad!

ROCÍO DEL ALMA

A Gena

¡Que le sobre el amor puro!
Que no haya reproches
para una MADRE buena,
que no beba cicuta en la mano del hijo,
que le dé a beber siempre
rocío de su alma
y con mieles del cielo
se aliñe su sustento.

Que no haya nunca un grito
para una MADRE santa,
que no haya frase dura
que amargue su existencia,
que rompa el equilibrio
de su unidad perfecta.

Que no se entierren puñales
a la que surte al mundo
de ese casi sacro amor
que es dádiva de DIOS.

¿QUÉ QUIERES, HIJA...?

Yo, desde aquí pienso en ti.
Te veo rodeada de tus amores,
siempre disculpando errores,
siempre la mano en alto
en continua labor.
¿Qué quieres, hija?
era tu eterna pregunta...

Tú... con tu reloj marcando
tus últimos minutos,
andabas ligera,
llevada por tu alma de «madraza»
siempre lista para aliviar las cargas.

Por tu santidad con jerarquía angélica
te coronaron, MADRE.

DIOS se hace esencia
en la MADRE

SÓLO ELLA...

¿Quién podrá entender mi sentir,
mi murmurar entre los labios
y esa ansia encendida
que en mi mente palpita...?

¿Quién podrá leer en mi gesto callado
esas noches en vela
desgranando minutos...?

¿Quién velará conmigo
en mis augustas horas
de preguntas y análisis...?

Sólo ella... mi MADRE,
la santa señora
que me dio el ser.

DIOS CONTEMPLA Y BENDICE

Observas al hijo...
lo ves tan alto:
cachorro gigante
sobre tu hombro frágil;
aguilucho con alas de acero,
fortaleza plena en músculo fuerte,
espíritu amplio sin doblez ni miedo;

Ya no es mío, te dices...
se lo lleva la vida;
me lo roba el tiempo,
el dios Cronos se lo lleva
en su ala infinita...

y la MADRE cierra los ojos...
acuna al niño... y sonríe...
DIOS contempla y bendice.

PLENA PARA EL AMOR

A Delia

La ves ir, MADRE.
Se va como una diosa abrazada en encajes...
alma plena para el amor.
Un canto la arrulla y DIOS bendice
por tus pupilas.

Se va así... del brazo de un hombre.
La ves feliz, toda ojos para el amor,
para ti... se le resbala una sonrisa.

Tú, con el corazón en los labios,
dibujas una bendición
mientras una lágrima tímida asoma...
y Eros sonríe.

Una oración recita tu alma:
guárdala, Señor.

*La palabra hijo se escribe
con una sonrisa que arrastra
una lágrima*

CORAZÓN QUE SE TE MUERE

MADRE... lloras...
Corazón que se te muere
porque se fue tu hijo,
porque se fue así...
cuando era nuevo,
cuando había aprendido
casi todas las ciencias: alma viva de Atenea.

Se fue así, fresquito, recién madurado;
se llevó con él esencia de primaveras,
toda el alba...
destrozados los huesos se fue...

con su ideal clavado en la propia alma se fue.
¡Ay, qué se fue así,
con un grito largo en los labios secos,
con su dolor de patria colmado de ausencias,
con su bandera entera metida en su célula...
con un clamor recóndito!

Que se fue así...
y el dolor-MADRE es un eco en el cielo.

CANTARÁN PARA TI

Tu hijo sale...
lo aguardas...
se traga la noche
tu suspiro afilado.
Si sientes un grito
tu vida se detiene
en el silencio pleno
de tus largas horas, y esperas
y esperas con la pupila alerta
que no entiende de sueño,
como una luna niña
que no sabe ponerse.

¡Oh, amor de los amores!,
¡oh, mujer regalada,
entrega y sacrificio,
DIOS te mira y te bendice!
Cuando te hagas toda alma

ángeles cantarán para ti, MADRE.

LEY DE LA VIDA

Que se te escapa el hijo...
que se va así...
tras el mundo...
tras unos ojos...
tras la vida...

Que se te escapa el hijo...
lo buscas...
alargas el alma...
abres los brazos queriendo atraparlo...

Se ha ido.
Es ley de la vida, MADRE,
tú lo sabes...
y sonríes.
Que tu ángel lo guarde, Señor,
susurran tus labios.

GLORIOSO TRIBUTO

Así está…
en espera…
repleta de vida…
con las entrañas rotas…
sujetando su vientre desgarrado…
Sacrificio vivo está.

Escondida la mujer tras la MADRE.

Cada minuto una hora a sus ansias le parece.
El dios Tiempo va lento.
Que bien caro se paga
el glorioso tributo
de la continuación.

Todavía…
hay que destrozar para llegar a ser.

Tener un hijo es eso…
ser así… casi muerte
donde es pálpito la vida.

VIDA DE SU VIDA

A Sharon

En los brazos lo tiene...
pleno de alma y llanto...
el futuro en la pupila...
calendario por llenar...
florecilla encendida
sobre el vientre-MADRE.

En los brazos lo tiene...
prodigado en rosa y alba...
de las manos menudas
se le rebosan los besos.

Todo ella le ha dado:
vida de su vida,
hueso de su hueso...
y la piel-MADRE
le brinda el sustento.

AMOR SIN TIEMPOS

¿Cuántos brazos tienes, MADRE...?
¿Cuántos corazones...?
¡Oh, amor trimillonado!
¡Oh, amor sin tiempos, reflejo del divino!
Cada hijo es una multiplicación de tu ser,
una continuación de tu célula,
tu propia alma, tu propio latir,
el punto de ti misma.
Cada hijo es una lágrima, una zozobra,
una alegría tuya.
DIOS te lo da y tú lo sostienes
con el altruismo de tu amor genético.
Egocentrismo no vive en tu nombre santo.

Bienaventurada mujer, estirpe de ángel.
¡Por tus tantos sentires
que DIOS te bendiga, MADRE!

LUZ EN LA PUPILA

Yo la vi...
con la vida en sus manos,
botón que sueña ser flor,
con muchas primaveras por llenar,
aún vacía de tiempo la piel.

Yo la vi...
con la mirada santa
y luz en la pupila,
con un rayo de DIOS
afianzado en el semblante.

Toda esperanza la vi,
imagen perfecta
de la mujer realizada,
procreadora de la humanidad,
triunfadora;
toda ojos para el pedazo de vida
que abrigaba en sus brazos.
Yo la vi... toda MADRE.

DUÉRMETE MI SOL

... Y la MADRE canta:
duérmete mi niño,
duérmete mi sol
que al niño que duerme
lo protege DIOS.

ESAS PREGUNTAS...

¿Qué es la muerte, MADRE...?
La muerte es...
dejar de pensar,
no más llorar,
poner un punto en nuestro calendario.
Cuando el tiempo
se mete en los huesos
y se roba el pensamiento,
y las ansias...
a eso se llama Muerte,
pero también se llama Ala,
y Silencio,
y Quietud...
Paz y gloria
cuando Cristo nos lleva
de su mano.

UN NO SÉ QUÉ DE ÁNGEL

Tenía mi MADRE profundidad de tierra,
excelsa sabiduría que de DIOS provenía.
Era su mirada un mar de soledades
y dulzores de mieles.

Tenía mi MADRE de su misión conciencia.
Tal vez por eso DIOS
le dejó prendido
un no sé qué de ángel
en su sonrisa franca.

Como espiga nueva a veces la veía,
otras me parecía que le pesaba el alma
sobre los hombros frágiles;
¡ay, pero si percibía
una saeta artera amenazar al hijo...
entonces ya no era fragilidad ni mieles
sino tigresa altiva con llama en las pupilas!

TODA ALMA

MADRE: te has quedado en silencio,
te has hecho toda alma,
airecillo ligero
que no sabe de tormentas,
que no sabe de dolores,
ni de lunas negras.

Te has quedado muy blanca:
muñeca de cera
con perfil afilado,
pómulos aflorados a la piel.

Se rompieron tus ayes,
ya tu corazón no sabe de prisas...

¡Qué bien cumpliste, MADRE!
Te graduaste en la escuela de DIOS,
por eso te llevaron al Trono Eterno.

TROFEO SUPREMO

Te mira la vida,
te aplaude y glorifica,
te entrega el trofeo excelso,
el trofeo supremo:
el trofeo-MADRE.

Nunca es pretérito en el tiempo
para tu amor-sacrificio:
ahí está tu hijo,
salpicado de luna el cabello
y siempre infante
para tus devociones.

¡Ay, cómo te duelen sus pesares y luchas,
sus desilusiones y tropiezos, santa mujer,
vientre pródigo de mundo, MADRE!

ALMA EN EL SUELO

Yo la vi...
con el hijo en los brazos,
inanimado,
calendario sin días,
reloj detenido en su primera hora,
ángel escapado al trono eterno;
ángel que no supo de caminos verdes,
que no bebió elixir blanco
del pecho materno,
que no estrenó besos ni sonrisas...
ni dolores...

Yo la vi...
con la muerte en la pupila
y un grito eterno clavado en los huesos.

EN SU NUBE DE LÁGRIMAS

Simiente de quereres.
Amaneceres en los labios.
Todo brazos eres, MADRE,
para el dolor del hijo,
para el desorientado que se volvió tinieblas
y rompió la Ley.

Lo abrazas, le das alma,
luchas contra el mundo, contra tu conciencia,
contra la sociedad que tiene sus medidas...
La verdad de la Ley pone un punto en tus labios,
cierra las puertas a tu esperanza.

¡Oh, mujer que se muere en el dolor del hijo,
que se desmaya y clama al Código que juzga,
el que tiene oídos sordos y fríamente se aleja
con su «vida» apresada...

... Y se va la MADRE en su nube de lágrimas,
con su dolor entero, con el viento que repite
su grito de muerte que se hace eco suyo para
    llorar su pena,
para gemir con ella.

Y así todos acusan...
y así todos lo culpan, todos vociferan
contra su propia carne...
menos ella... que lo gestó en su vientre-MADRE.

ANTE EL LLANTO DE UNA NIÑA

¡Si yo supiera
de qué color es la pena,
de qué color es el grito,
de qué color es el alma!

¡Si yo supiera
por qué nacer y morir,
por qué crecer y pensar
y luego dejar de ser!

¡Si yo supiera
por qué este afán de vivir
que trae el alma al nacer,
si ya el vivir es sufrir,
llorar y contemplar
la dama Muerte llegar!

¡Si yo supiera
por qué el llanto de mi niña
si tiene todo en la vida!

¡Es que nacemos
con una lágrima en cierne
que se germina en el alma
y se hace a veces tan larga
que en los ojos se perfila...?

OFRENDA SAGRADA

Tú velas, siempre velas…
alma en espera…
corazón en el tiempo…
angustia afilada
en las horas oscuras,
en la hora 24 que señala tu angustia.

Tú velas…
y el duende del silencio
no se posa en tu cara
hasta que sientes los pasos ligeros
del hijo que llega,
que quisieran ser ala,
para no perturbarte…
entonces tu suspiro
regalas al viento:
ofrenda sagrada
del amor infinito.

EN EL ÁMBITO-MADRE

Lo guardaste en el ámbito-**MADRE**
mientras se crecía en el tiempo.
Lo amaste desde la primera célula,
cuando era todavía aliento tuyo.
Lo abrigaste con pasión febril
en tu cuna amniótica.
Le perfumaste el camino
con tu cántico de esperas.
Acrecentaste tu nido
para hacerle un lecho cómodo.
Multiplicaste su ser
con sangre de tu sangre
hasta que lo diste a la vida
ya hecho flor,
y alma,
y piel tuya:
Hijo.

PARÉNTESIS DE MUERTE

Sólo diez años contaba
cuando el hogar quedó en duelo
al atacarla ese mal
que llaman el mal del sueño.

Quince años vivió dormida,
sumida en tan triste suerte,
pasando la edad preciosa
en paréntesis de muerte.

La noche que abrió los ojos
vio en el espejo su faz
y murmuró dulcemente...
¡qué bueno es verte, mamá!

DOBLAN LAS CAMPANAS

Doblan las campanas,
la MADRE se ha muerto,
hay olor a soledad,
a amor derretido...

¡ay, cómo duele el grito
del niño que clama,
y el girasol
que se agosta en la rama
y la mariposita
que no encuentra la flor!

Doblan las campanas,
la MADRE se ha muerto,
hay olor a lágrima,
a tierra seca y a lecho vacío...

¡ay, cómo duele el llanto,
y el grito enclaustrado
y la sombra de la tarde!

Doblan las campanas,
la MADRE se ha muerto...
por las venas me corre
acidez de limón.

EN SU TÚNICA BLANCA

Te veo dormida con expresión de ángel en la cara,
sumergida en el eterno sueño;
viviendo verdades;
contando las almas que pueblan el cielo;
jugando a ser niña y lucero
junto a los ángeles buenos
que hizo el Señor.

¡Ay, si pudiera despertarte!

Hoy la noche es un búho que gime nostalgias,
que exalta dolores y oculta su luna
en su traje de pena.

¡Ay, si pudiera despertarte!

Te has metido en los siglos.
Te envolvió el tiempo en su túnica blanca,
en su augusto misterio.

Te has metido en los siglos
y me duelen las lágrimas de tanto llorarte.
Me duele el silencio y la voz de la calle
que aturde y que mata en su canto de vida
acosando a la muerte.

¡Ay, si pudiera despertarte!
¡Ay, MADRE, si pudiera despertarte no sé si lo
    haría
por no despertar a un ángel!

ABRAZANDO DISTANCIAS

Tú sabes que yo estaba allí, MADRE,
con mi presencia de aire
metida en tu misterio,
abrazando distancias
con mi adiós de lágrima.

Tú sabes que mi grito
se perfiló en mi noche
en busca de tu aliento,
en busca de tu vida,
en busca de tu todo,
y que al llegar a tu silencio
se apretó en mi garganta
para no alterarte en tu rincón de paz,
en tu rincón eterno,
en el rincón de DIOS.

RECORDANDO A MI MADRE

Era mi MADRE como avecilla pura,
con sus hijos en los ojos
y su dolor por dentro.

Era mi MADRE todo amor en esencia,
pródiga en caridades,
su mirada en el pobre
y su corazón en DIOS.

Era mi MADRE alma siempre alerta
a la necesidad,
con estatura de reina,
con su lágrima encerrada
y su risa consolando.

¡Entera y santa mi MADRE!
la sonrisa en su mirada
y el grito calando adentro
cuando se llevan al hijo.

¡Plena y grande mi *MADRE*!
en su palabra alegría
y en la garganta su llanto.

Su muerte, ¿quién la veía...?
Sólo DIOS que ve por dentro.

ERA MADRE

Era buena...
era santa...
era MADRE...

Eterna...
eterna la veo...
allá...
bien lejos...
en el mar infinito del tiempo
ella espera:
brazos abiertos...
labios en gestación de besos...
allá...
junto a DIOS ella espera.

NIÑO DE LA MADRE

La MADRE lo tiene,
lo mima,
lo cuida,
lo llora...
niño minusválido,
niño desdotado,
niño siempre,
niño eterno
con pensamiento de ángel,
abrazado por caridad,
siempre en infancia,
siempre con un juguete;
soñando con ser luna,
y estrella,
y aire...
niño de DIOS...
niño de la MADRE.

LA ETERNA LÁGRIMA

En la ventana la niña canta
a la muñeca que nadie ve;
a ella le cuenta sus ansias raras
los laberintos de su alma enferma.
Los niños pasan y se sonríen
y de la pobre niña se mofan.
La niña grita y suelta su llanto;
la MADRE lo une a su eterna lágrima.
—Dime, hija mía, ¿qué te acongoja?
(La MADRE sabe que no hay remedio
que a su enfermita pueda curar.)
—MADRE, los niños, ¡míralos, MADRE,
de mí se ríen, me llaman tonta,
di que no es cierto, dímelo, MADRE!
—No, niña mía, ellos te mienten,
¡tonta mi niña, qué gran mentira!
tontos son ellos, que ya no juegan,
ya que en sus mentes hay sólo estudios;
esto, hija mía, ¿no te da pena?
Y a la MADRE la niña inquiere,
—dime, mamita, ¿y por qué lloras?
—Lloro por ellos, hija, por ellos...
La niña enferma cubre sus ojos
y por los niños llora también.

¡ESE AY DE LA MADRE!

¡Ay de la MADRE,
agotadas sus primaveras,
casi sin hojas su calendario...
y sola!

¡Ay de la MADRE,
cargada de noches y angustias su alma,
muertas ya sus horas nuevas,
llena de tiempo su piel...
y sola!

¡Ay de la MADRE,
resignación sin queja,
seco su espíritu por tantas ausencias...
y sola!

¡Ay de la MADRE,
cuidada por extraños... y sola...
pletórica de hijos... y sola...
sola...
sola...!

AMOR QUE SEMBRÓ DIOS

A Yamilé

¿Qué me pides, MADRE,
en tu noche larga
en que a DIOS suplicas por el fruto tuyo,
célula encendida que a la vida diste...?

¿Qué me pides, MADRE,
en tu grito agónico,
ahogado y sepulto
en tus labios callados...?
Dime, MADRE, ¿qué es...?

Nada pides, MADRE...
tú eres todo entrega;
amor que se desgrana
de tu existencia-dádiva...

Amor que sembró DIOS
en el nacer del mundo.

PRINCIPIO DE UNA VIDA

A Abigail

Como una avecilla desandas por mi vida.
Te veo toda alas, mariposita de oro
revolotearlo todo.
Principio de una vida,
para ti, niña bonita todo es novedoso.
Cuando eres traviesa
tu risa picaresca
se me hace luz por dentro.
La vida te contempla
con un cantar distinto cada nuevo día.
Arrancas una flor de tu jardín de ensueño
y en tus ojos me la ofreces.

Princesita mía,
primera en mi amor,
¿en qué piensas cuando sueltas
esas jerigonzas?

ANTES DE SER ALBA

Al niño Josiah

Ya llegas.
Ahí estás cumpliendo tu ciclo;
fabricando la habitación
de tu espíritu.
Tabú para los ojos físicos... y tanto.

Ahí estás hecho promesa,
hecho vida,
hecho alma...
Te aman, te arrullan en tu cofre-formación.
Rey de un pequeño palacio, palmoteas, danzas y
    esperas.
¿Piensas...?
Tal vez sueñas que ya ERES y ansías escaparte y
    volar,
o quizás duermes en seráfica inconsciencia
presintiendo que pronto serás: ojos de padre
y velación de MADRE.

Célula de Adán y Eva eres.
Traes olor a primero, por lo que rozarán tu piel
cánticos de aurora.

Realizado serás.
Escogido serás, sorprendido del aire,

hecho en molde antiguo, huérfano de probetas.
Tus apellidos te vestirán: estarán en tus ojos
y en tu piel.
Te regalarán un nombre y un séquito de ángeles
te acompañará.
No sabrás por qué llegaste,
pero te aferrarás a tu siglo y a la existencia,
y la vida te dirá: BIENVENIDO...
y tú agradecerás con un llanto sin lágrima.

*...DIOS colma de bendición
a todo viviente.*
(Salmo 145:16)

HUELES A NUEVO

Al niño Josiah

Josiah, aún no te he visto,
pero sé que hueles a nuevo...
y a niño de alba...
a ángel...
y a rocío de estío.

Sé que hueles a agua fresca...
y a leche de MADRE.
Sé que serás león y ovejita,
y que el nuevo siglo te llamará mío,
y te fundirá en fortaleza...
y en corazón de miel.
Corazón de miel que te donó tu célula
y el Cordero Divino.

Josiah... niño primero, florecita mía...
¡Cuando te vea... qué nuevo canto me arrullará!

> *Oye a tu padre, aquel que te*
> *engendró; y cuando tu madre*
> *envejeciere, no la menosprecies.*

> (Proverbios 23:22)

...Y LA MADRE SUSURRA...

A Jaime

Así eres, hijo:
Sabiduría que analiza.
Espíritu que escudriña.
Penetración de raíces.
Lealtad y firmeza.
Voluntad y deber.
Alma y hueso en sacrificio.
Educación y gentileza.
Sonrisa que cautiva.
Altura en tu carrera.
Bisturí en mano firme.
DIOS en tus dedos.
Miel para el enfermo.
Cincelador de verdades.
Faro protector.
Dador de tu pan.
Ofrendador de alegrías.
Regalador de Buenas Nuevas.
DIOS en tu médula.

...Y LA MADRE PREGONA...

A Guillermo

Eso eres, hijo:
Integridad de alma.
Directo en la palabra.
Torbellino profundo.
Rayo en el pensamiento.
Fortaleza de acero.
Alma de cordero.
Sonrisa que subyuga.
Persuasión en el diálogo.
Firmeza en tu criterio.
Ofrendador de tu pan.
Sinceridad total.
Ánfora de amores.
Lealtad a toda prueba.
DIOS en tu existencia.

...Y LA MADRE MURMURA...

Al niño Nathan

Ya estás aquí, hijo,
hecho flor y ángel,
pedacito de existencia
en las garras del mundo,
zozobra y temor
ante lo extraño de la vida,
corazón que late
con ritmo apresurado...

Aquí estás: miedo en la mirada
y montones de preguntas
gritando en tus pupilas.

Dame tu mano nueva, hijo,
que quiero estrenarla entre las mías.

¿A qué te sabe la vida, hijo...?

...Y LA MADRE EXPLICA...

Al niño Nathan

Aquí estás, hijo,
hecho alma y piel;
humanidad cumplida;
calendario por llenar;
mente limpia de letras y recuerdos;
ojos de asombro en busca de sorpresas;
puños cerrados sujetando no sé qué.

Aquí estás,
pasajero del tiempo,
con tus papeles legales
y el nombre que te distingue.

Lloraste al nacer, hijo;
asusta la vida;
recibe como una madrastra,
porque la vida es eso:
madrastra con látigo en los ojos
y prisas en la mirada,
pero luego todo cambia, hijo,
te acostumbras a su ley,
y cantas y ríes y luchas,

y te acoplas entre sus aristas
para cumplir con la verdad de haber nacido.

«Oye, hijo mío, la doctrina de tu padre, y no desprecies la dirección de tu madre: porque adorno de gracia serán a tu cabeza y collares a tu cuello.»

(Proverbios 1:8-9.)

...Y LA MADRE LO ACUNA Y LE HABLA...

Con los ojos abiertos,
aún soñando sombras estás,
aún soñando que eres pez...
y célula materna
y que te nutre el lazo
milagroso que da vida.

Todo instinto eres,
todo dependencia;
seguridad en mi pecho,
paz en el sueño,
alma cautiva de un pequeño cuerpo...
todo eso eres, hijo...
y bendición de DIOS.

...Y LA MADRE LE DICE...

Si lloras, hijo,
recuerda que en tu llanto
estaré secando tu lágrima.

Si Traición te hiere,
recuerda, hijo,
que en tu acíbar
estará mi gota de miel.

Si Envidia intenta opacar tu luz,
no olvides, hijo,
que estará listo mi aceite
para alimentar tu lámpara.

¡Ay, pero si Amor te abraza
cantaré, hijo,
un salmo de gracias,
al DIOS eterno
por tu felicidad.

...Y LA MADRE CANTA...

Yo río
    en la risa de mi hijo.
Canto
    en el canto de sus labios.
Lloro
    en el llanto de sus ojos.
Muero
    en la angustia de su pena.
Revivo
    en el gozo de su alma.
Triunfo
    en el triunfo de su gloria...
por la gracia de DIOS.

DIOS se hace verdad
en el sueño

...Y LA MADRE MONOLOGA...

Niño mío que creces, que creces
y te creces;
que levantas pirámides de trozos de madera
y de sueños...

Niño mío que me miras como a un dios,
que me pides milagros y caricias
con ojos de candor...
Te creciste...
te elevaste más allá de tus pirámides
y sueños...

Hoy te observo desde abajo;
desde el fondo de los tiempos
te alcanza mi mirada
que da gracias al Señor...

¡Oh, gigante mío...
remontado más arriba de sus sueños...!

¡Qué pequeña me siento ante tu abrazo!

CARTA AL CIELO

Tal vez por estar cerca Navidad
hablarte, MADRE mía necesito,
por ello estas memorias te remito
que irán hasta tu santa eternidad.

La menor de tus nietas se ha enlazado
en el hilo de magia de Cupido.
Te diré que hubo un llanto contenido
al no estar tú ese día a nuestro lado.

Aquel nieto en que tanta fe tenías
se ha graduado con altas distinciones
y el chiquitín a quien hacías historias...

Si al hacerte vivir mis alegrías
pudiera yo en tu paz sembrar pasiones
que el Cielo no te entregue estas memorias.

¡ALELUYAS!

MADRE: Aleluyas para ti.
Cantares para ti.
¡Que el universo entero
ofrezca sus flores
a la génesis del mundo...
y que la bendiga DIOS!

CARTA A UN NIÑO DEL FUTURO

Esta carta es para ti, niño que aún no has sido
    alba.
Niño que vendrás a compartir el aire con la
    humanidad.
Niño que vienes a beber en la fuente de la
    existencia
las dulzuras y los resquemores, las ansias y
    desilusiones...

¡Oh, niño del futuro, cuando llegues te cantará la
    Vida,
te alimentará de tus delicias y te azotará con
    látigo
despiadado!
Te dará a beber vino con acíbar;
te colmará de nuevas ciencias y de saberes nunca
    soñados.
Te dará copas de hiel y mieles subyugadoras;
porque Vida es eso: mezcolanza de bondades y
    crueldades.

Cuando llegues, niño, serás piel y alma, huesos y
    espíritu,
proyección de futuro, pedazo de universo.
Serás montón de átomos asentado en carne tierna.
¡Tantas cosas serás, niño...!

Nacerás ángel y te volverás ojo avisado, felino
   vigilante.
Te harás inquietud conservadora.
El mundo que te aguarda será fuerte, agresivo,
con senderos de piedras afiladas y resbaladizas.
Aprenderás a andar sin desfallecer ni caerte,
porque, ay, niño, si caes... si caes te pisarán,
te robarán el camino andado, te arrebatarán tu
   puesto,
y si logras levantarte serás postrero en la loca
   carrera
de la humanidad.
Recuérdalo bien, niño: pie seguro, piernas fuertes
y una gran voluntad para sobrevivir.

Aprenderás a tener ojos de águila para adivinar el
   alimento
que escaseará por la contaminación creada por los
   que
te precedieron.
La tierra no dará su fruto.
Los peces se pudrirán en los mares.
El aire estará tan viciado que necesitarás
   pulmones fuertes
para aspirar el oxígeno que aún hubiere.

¡Oh, niño, no quiero asustarte, pero tampoco debo
   engañarte!
Tendrás que vivir adelantado.
Madurarás temprano para que no se te cierren las
   puertas del triunfo.
Lo mejor será para los nuevos; por eso te digo
   que tendrás que vivir

adelantado, sin mirar atrás, sin perder un minuto.
  Ser siempre
primero en la dura carrera.
Cuando llegues, niño, computadoras especiales
  marcarán tus pasos
y serás casi un robot. Las que existen hoy en mi
  mundo son niñas
inocentes comparadas con las que te aguardan.
  Ésas estarán llenas
de magia. Muchas serán diminutas y tan poderosas
  que parecerán
creadas por mentes de inteligencia sobrehumana.

Trabajarás electrónicamente, todo será
  electrónico.
Redactarán tu pensamiento dedos invisibles.
No tendrás que pronunciar palabra; no habrá
  tiempo para eso.
Tu mente dirá: hágase la luz y tus lámparas se
  alumbrarán.

¡Oh, niño, qué mundo te aguarda...! Mundo de
  delicias y de espanto.
Tus ideas estarán a la luz de todos y no podrás
  tener secretos
ni intimidades.
No podrás creer en nadie porque leerás los
  pensamientos
en los ojos electrónicos y te espiarán los hombres
  de hierro.
No me hagas caso, niño, todo esto que te escribo
  tal vez son
fantasías mías, intoxicaciones de ver tanta película
  interplanetaria

de monstruos y también de gente buena y más
    adelantada
que los hijos del planeta Tierra; pero si todo esto
    fuera cierto,
podría tocarte nacer en otro mundo y entonces
    tendrías alas
y viajarías por lejanas estrellas, y respirarías
    oxígeno prefabricado,
enviado electrónicamente por los espacios
    siderales.

En fin, niño, no sé si te digo tonterías, hijas
de una imaginación loca; pero se me hace que
    todo estará programado
con mucha anterioridad y que tú también lo
    estarás y serás perfecto.
El mundo del futuro no admitirá imperfecciones;
    no habrá tiempo
que dedicar a los imperfectos.
Te alimentarán desde tu etapa embrionaria para
    que seas
saludable y bello.
Sobrepasarás en mucho los 100 años.
Los antibióticos superbuenos sanarán tus males.
Tal vez no envejezcas y veas muchos soles, aún
    con tu cara tersa
y sabiduría de siglos brillando en tus ojos.

Pero, ¡oh, niño querido, las guerras...
Esas aves negras con garras gigantes que se
    alimentan de sangre...!

Seamos optimistas y veamos tu mundo a través
    de rosas

y no pensemos en las bombas de hidrógeno ni en
    las partículas
mortíferas que acarrean, porque si eso sucediera,
    ¡ay, niño,
cuánto llanto, si es que aún quedan lágrimas para
    llorar a la Muerte;
si es que quedan manos limpias para aliviar
    heridas y almas
compasivas para acariciar los monstruos en que
    se convertiría
la humanidad!
¡Ay, niño, te lo digo y siento una lágrima
    quemarme por dentro!
¡Ay, niño, niño mío del mundo futuro, que las
    mentes se aclaren
y miren con ojos de comprensión, y perdonen con
    alma generosa
los errores de los pueblos, y sujeten la mano que
    quiera
disparar primero el arma infernal!

Me aterra tu mundo, niño. Se me desmaya la piel
    de pensar
en lo que no quiero pensar y que se me clava
    como hierro candente
en el corazón.

¡Ay, niño mío, niño del planeta Tierra, niño de la
    humanidad,
ojalá que te quedaras en ángel y no bajaras a la
    Tierra!
Esa madre Muerte me asusta, niño. Esa Madre
    fuego que lame

hasta el tuétano de los huesos y destruye, aniquila
y fabrica
llagas cancerosas y no sé cuántas cosas más, niño,
me da mucho miedo...
Ojalá que los gobernantes de tu mundo sean
sabios y prudentes,
y busquen la paz y el entendimiento entre los
pueblos
por todos los medios posibles y hasta imposibles,
para que tú vivas.

Ojalá que seas bondad y equilibrio junto con
todos los hermanos
de tu siglo.

Ojalá que las ciencias empleadas en tu procreación
te hagan nacer
con nueva sabiduría por si te toca tomar parte en
el engranaje
del estado de tu pueblo.

Ojalá que nazcas con mirada de más allá para ver
tu postrer tiempo,
cuando seas sólo alma.
Ojalá que esté DIOS en tus ojos y en tu corazón.
Ojalá que te llames Perdón, Comprensión y Amor...

¿Amor, dije...? ¿Existirá Amor en tu mundo,
niño...?
Creo que sí, porque Amor nunca dejará de ser.

De todas maneras, bienvenido, niño del
   futuro.

Con anticipación te saludo.

Que DIOS te bendiga, niño.

P.D.—No te atormentes, niño, por esta carta que
   juzgarás
cruda y pesimista, ya que pronostica verdades
   que no
son demasiado atractivas, a pesar de los adelantos
   útiles
de que también habla.

Te la he escrito, niño, para que estés alerta, con
   los ojos
bien abiertos vigilando tu mundo. Para que te
   afiances en
DIOS y te entregues a Él de todo tu corazón.

Recuerda que DIOS hizo el Universo y te dio el
   soplo de vida,
que DIOS es omnipresente y si tienes espíritu
   atento lo sentirás
a tu lado.

Sigue sus Preceptos que están grabados con letras
   eternas
en su Libro, libro que ostenta el glorioso nombra
   de BIBLIA.

Recuérdalo bien, niño querido, con DIOS de la
mano no tendrás
temor de un mundo entorpecido y vacilante. No
tendrás temor
de la maldad que se acrecentará ni de ser un
número vigilado
y controlado por las mentes mecánicas que
gobernarán.
Con DIOS todo te irá bien. Él te colmará de
bendiciones y te
dará paz. Recuerda, niño: DIOS de la mano. DIOS
siempre contigo
y cantarás como el salmista David:

Jehová es mi pastor: nada me faltará.
En lugares de delicados pastos me hará yacer:
Junto a aguas de reposo me pastoreará.
Confortará mi alma; guiaráme por sendas de
justicia
por amor de su nombre.
Aunque ande en valle de sombra de muerte,
no temeré mal alguno; porque tú estarás conmigo:
Tu vara y tu cayado me infundirán aliento.
Aderezarás mesa delante de mí, en presencia
de mis angustiadores:
Ungiste mi cabeza con aceite:
mi copa está rebosando.
Ciertamente el bien y la misericordia me seguirán
todos los días de mi vida:
Y en la casa de Jehová moraré por largos días.

(Salmo 23)